JN212557

世界の現在がわかる

Exploring the World's Present and Future Path

中国

ちゅうごく

China

著者
松村雄太

監修
宮路秀作

監修者まえがき

みなさんは「中国」という国にどんなイメージを持っていますか？

広い国土、たくさんの人々、美味しい中国料理、そして可愛いパンダ──そんなイメージが思い浮かぶかもしれません。

本書では、中国の「現在（いま）」に焦点を当て、歴史や文化だけでなく、社会の仕組みや最新の技術、未来への展望などをわかりやすく紹介しています。中国がどのように発展してきたのか、そして現在直面している課題とは何かを探ります。また、みなさんと同じ年頃の中国の子どもたちがどんな遊びをしているのか、どんな生活をしているのかも取り上げています。

たとえば、スマホ1つで生活の多くをこなす中国の便利な日常や、配車アプリやライブ配信が大流行している話題など、日本での日常は中国にもあります。一方で、漢字や故事成語など、伝統文化が息づいているところも中国の魅力です。

しかし、中国はその急速な発展の裏で、環境問題や格差といった課題にも直面しています。

　これから中国がどのような方向に向かい、世界とどのような関係を築いていくのかを考えることは、みなさん自身の未来を想像することにもつながります。地球のどこかで起きている出来事が、実は私たちの暮らしとつながっていることに気づくかもしれません。

　世界では紛争や貧困、環境破壊など多くの問題が山積していますが、中国を学ぶことで、それらの現実の1つを知り、考えるきっかけになればうれしいです。本書は、小学生高学年から中学生のみなさんが楽しく読めるように、図や写真をたくさん使い、難しい内容もやさしく説明しています。

　本書を通して、「中国ってこんな国なんだ！」と感じ、世界への理解が少しでも深まれば嬉しいです。

　そして、その理解がみなさんが将来を考えるきっかけになることを願っています。それでは、一緒に中国の世界を冒険しましょう！

2025年1月

監修　宮路 秀作

著者まえがき

　私はこの10年で、中国という国をより身近に感じるようになりました。

　何度も中国に行きましたし、日本に住む中国の人々とお話ししたり遊んだりする機会もたくさんありました。中国語を頑張って学んだり、中国発の大人気SNSであるTikTokで多くの人に自分で作ったコンテンツをお届けしたりしてきました。

　みなさんは中国について、どのような印象を持っているでしょうか？

　近所に本格的な中華料理屋さんがあったり、クラスメートに中国から来たお友達がいたりするかもしれません。日常的に中国語を聞く機会がある人もいるかもしれません。

　中国と日本の間には、歴史や政治の問題があることも事実です。中国に関してよくないことを聞くこともあるでしょう。

　しかし私たち多くの一般人は、それぞれの国の映画やアニメ、ゲームを日常的に楽しんでいます。それぞれの国で作られた製品を日々使っています。それぞれの国に旅行や留学、仕事で滞在する人もたくさんいます。これもまた事実です。

　この本を手に取ってくれたあなたには、ニュースや世間の噂にただただ流されてほしくありません。この本をとおして中国という国をより深く理解し、その上で自分の考えを持ってほしいと思います。

　この本では、図や写真をふんだんに使い、中国に関するいろいろなことをわかりやすく解説しています。この本をとおして、なんだか遠い国だと思っていた中国が、実は身近なご近所さんだと感じてもらえたら嬉しいです。

　さらに、中国の「現在」を知ることで、中国だけでなく世界の「現在（いま）」について考えるきっかけにもなるでしょう。

　さあ、広い世界を一緒に見に行きましょう！

2025年1月
著者　松村雄太

もくじ

第3章　暮らしの今

第4章　驚きの最新中国

第5章　日本と中国の未来

第1章

日本で感じる
身近な中国

1-1

中華街散策！
美味しい食べ物がいっぱい

日本には横浜、神戸、長崎の三大中華街があります。なかでも横浜中華街は、東アジア最大の規模を誇り、約500軒以上のお店があります。赤と金色で飾られた大きな門をくぐると、そこは中国の異国情緒あふれる世界が広がっています。

◆ 中華街の魅力

● **食べ歩きグルメ**　通りには屋台のような店が並び、手軽に中華グルメを楽しむことができます。特に人気なのは、アツアツの肉まんや、タピオカなどのスイーツ・ドリンクです。

● **本格的な中華料理**　レストランでは、北京ダックや担々麺、小籠包など、本場の味を楽しむことができます。

● **歴史と文化**　中華街には、中国の伝統や文化を感じられる関帝廟という施設もあります。お参りをしながら、中国の歴史や文化に触れることもできます。

今では観光名所として多くの人々が訪れる中華街ですが、江戸時代末期から、中国から来た人々が住み始めた場所でもあります。食を通じて、私たちは身近に中国文化を感じることができるのです。

日本の三大中華街の
1つ、横浜中華街です！

うわ〜。
あつあつの肉まん！
おいしそう！

コラム　日本三大中華街の歴史とルーツ

日本の三大中華街は、幕末の開国がきっかけで誕生しました。1859年の横浜港、1868年の神戸港、そして江戸時代から貿易で栄えた長崎。当時、西洋人と日本人の間で通訳や貿易の仲介役として活躍した華僑たちが、これらの港町に集まり住み始めたことで中華街が形成されました。現在では、それぞれが独自の特色を持つ観光名所として親しまれています。

1-2

リアルな中国を日本で体験

東京の池袋駅西口（北）には、本場の中国を感じられる場所があります。この地域には、中国から来た人々が営む100軒以上のお店が集まっています。

◆ 池袋チャイナタウンの特徴

- **本場の味** ここにある中華料理店では、中国の人々が普段食べているような本物の味を楽しむことができます。中国東北地方の料理や、ラーメンに似た牛肉麺、上海の小籠包など、中国各地の料理が味わえます。

- **食材の宝庫** 大きな中国食材店では、中国から直接取り寄せた調味料や珍しい野菜、お菓子などが並んでいます。生きた魚が泳ぐ水槽まであるお店もあって、まるで中国の市場にいるような気分を味わえます。

- **にぎやかな雰囲気** お店では中国語が飛び交い、中国のお茶を飲みながら談笑する人々の姿が見られます。フードコートでは、いろいろな地方の料理を一度に楽しむことができ、まるで中国旅行をしているような気分になれます。

池袋チャイナタウンは、日本にいながら本物の中国文化を体験できる、とても特別な場所なのです。

川口市の地区別中国人数

さいたま市

東川口

武蔵野線

東浦和

南浦和

戸塚地区
303人

神根地区
302人

芝地区
4250人

安行地区
152人

青木地区
2421人

鳩ヶ谷
地区
461人

新郷地区
193人

蕨市　蕨

西川口

わぁーっ、行ってみたい！

草加市

横曽根
地区
7095人

川口

中央地区
2794人

南平地区
834人

埼玉県川口市にも池袋と同じようなチャイナタウンがあるんです！

コラム 知ってる？　中国の地方料理

中国料理には、大きく分けて「八大料理」と呼ばれる8つの地方料理があります。四川料理は山椒のしびれる辛さが特徴で、広東料理はあっさりとした味わい。上海を含む江蘇料理は甘めの味付けが特徴です。池袋のチャイナタウンでは、様々な地方料理を食べ比べることができ、中国の食文化の奥深さを体験できます。

1-3

漢字の歴史！
意外と知らない文字の世界

私たちが毎日使っている漢字は、約 3300 年前の中国で生まれました。最初の漢字は、亀の甲羅や動物の骨に刻まれた「甲骨文字」と呼ばれるものでした。

◆ 漢字の進化

● **文字の誕生**　最初の漢字は、身の回りのものを絵のように表した「象形文字」でした。たとえば「山」は山の形を、「川」は水が流れる様子を表していました。

● **漢字の種類**　漢字には4つの成り立ち方があります。物の形をそのまま表した「象形文字」（山、川など）、目に見えない事がらを表した「指事文字」（上、下など）、2つ以上の文字を組み合わせた「会意文字」（森、休など）、意味と音を組み合わせた「形声文字」（銅、池など）があります。

● **広がる漢字の世界**　中国で生まれた漢字は、やがて朝鮮半島を経て日本にも伝わりました。日本では漢字から「ひらがな」や「カタカナ」が生まれ、独自の文字文化を築いていきました。
世界の多くの古代文字が消えていくなかで、漢字は今でも使われ続けている、とても特別な文字なのです。

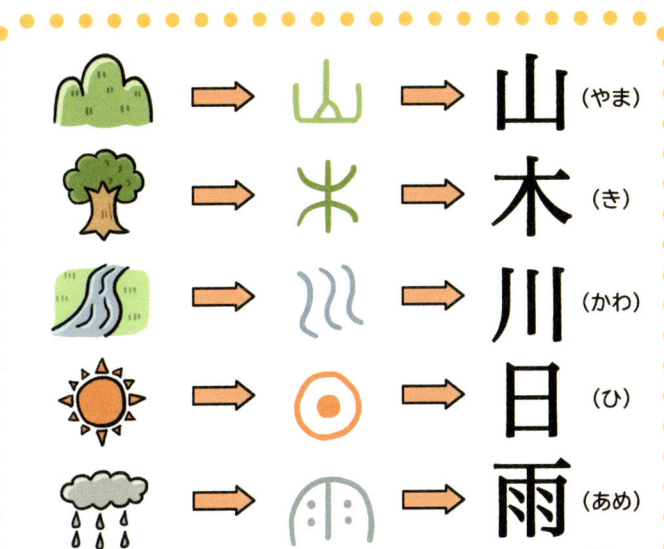

山（やま）
木（き）
川（かわ）
日（ひ）
雨（あめ）

> 物の形をそのまま表した文字を象形文字といいます。

> 漢字ってこんなふうにできてるんだ！

コラム 漢字の数字の秘密！

漢数字には面白い成り立ちがあります。「一」「二」「三」は数を表す棒の数から生まれました。「四」は四角い枠を表し、「五」は縦線と横線が交差する様子を表現。「六」は天地をつなぐ形、「七」は刀や斧の形から生まれたと言われています。このように、漢数字には昔の人々の知恵と工夫が詰まっているのです。

1-4
思わず感心する故事成語

私たちがよく使う「一石二鳥」や「温故知新」などの言葉は、実は中国から伝わったもので、これらを故事成語といいます。

◆ 身近な故事成語やことわざの世界

● **一石二鳥の知恵** 1つの石で2羽の鳥を仕留めるように、1つの行動で2つの良い結果を得ることを表しています。たとえば、走って移動すると、短い時間で移動できて健康にもつながるので一石二鳥です。

● **温故知新の学び** 古いことを学びながら新しい発見をするという意味です。昔の人の経験や知恵を大切にしながら、新しいアイデアを生み出すことの大切さを教えてくれています。

● **継続は力なり** 「雨だれ石を穿つ」という故事成語は、小さな雨つぶでも毎日降り続けると、固い石に穴を開けることができるという意味です。どんなに小さな努力でも、続けることで大きな成果につながることを教えてくれます。

このように故事成語やことわざには、2000年以上も前から受け継がれてきた人々の知恵が詰まっています。今でも私たちの生活に役立つ、とても魅力的な言葉なのです。

一石二鳥（いっせきにちょう）

温故知新（おんこちしん）

継続は力なり（けいぞくはちからなり）

おもしろーい！

2000年以上も前から
受け継がれてきた
人々の知恵が詰まっています。

コラム 故事成語クイズに挑戦！

「塞翁が馬」という故事成語を知っていますか？　「不幸が幸いに変わることもある」という意味です。中国の塞という地方に住む老人が飼っていた馬が逃げ出しました。周りは「なんて不幸なことだ」と言いましたが、その馬は数日後、良い馬を連れて戻ってきました。このように、物事の良し悪しは簡単には判断できないことを教えてくれる言葉です。

017

あれも中国発!? 意外と知らないメイドインチャイナ

私たちの身の回りには、実は中国で作られた製品がたくさんあります。最近の中国製品は、高い技術と品質を持ち、世界中で使われています。

◆ 進化する中国製品

● **身近な電化製品** スマートフォンや家電製品の多くは中国で作られています。特に新しい技術を使った製品は、中国企業が得意としている分野です。たとえば、ドローンの世界最大手メーカーは中国の会社です。

● **便利な生活用品** 文房具や日用品にも、中国製品が数多くあります。価格が手ごろな割には品質が良く、多くの人々に愛用されています。

● **世界の工場から世界のブランドへ** かつての中国は「世界の工場」と呼ばれ、他の国の製品を作る工場が多くありました。その経験で培った技術を活かし、今では自分たちのブランドで高品質な製品を生み出しています。

漢の時代の航海で使われた羅針盤を復元したものなんだって！

わあ、大きいね！

中国製のスマホは世界中で人気です！

コラム 中国発明の歴史を探ろう！

羅針盤、火薬、紙、印刷術は「中国の四大発明」と呼ばれています。特に紙の発明は世界の文化に大きな影響を与えました。蔡倫という人が西暦105年ごろに、木の皮や古布から紙を作る方法を考え出しました。この技術は世界中に広がり、今でも私たちの暮らしに欠かせないものとなっています。

1-6

中国語でニーハオ！ 言えたら カッコイイ厳選フレーズ

中国語は母語として世界で最も多くの人が話す言語です。簡単なフレーズを覚えて、中国の人々と交流してみましょう。

◆ 基本のあいさつ

● **こんにちはから始めよう** 「你好（ニーハオ）」は、最も基本的な「こんにちは」という意味のあいさつです。目上の人には「您好（ニンハオ）」と言うと、よりていねいな表現になります。

● **時間によって変わるあいさつ** 朝は「早上好（ザオシャンハオ）」、夜は「晚上好（ワンシャンハオ）」と言います。日本語の「おはようございます」「こんばんは」にあたります。

● **感謝の気持ちを伝えよう** 「谢谢（シェシェ）」は「ありがとう」という意味です。相手が「不客气（ブーカーチー）」と返してくれたら、それは「どういたしまして」という意味です。

◆ 自己紹介をしてみよう

「我叫～（ウォージャオ～）」で「私の名前は～です」と自己紹介ができます。「很高兴认识你（ヘンガオシンレンシーニー）」を付け加えると、「お会いできて嬉しいです」という意味になります。

	中国語	読み方
はじめまして	初次见面	チューツージェンミェン
おはようございます	早上好	ザオ シャン ハオ
こんにちは	你好	ニー ハオ
こんばんは	晚上好	ワン シャン ハオ
私の名前は○○です	我叫	ウォー ジャオ ○○
さようなら	再见	ザイ ジェン

中国語の発音は難しいけど、まずはあいさつからはじめてみましょう！

日本の漢字に似てるけどちょっと違うね！

コラム　声の高低で変わる意味！　中国語の声調

中国語には「声調」があります。たとえば「ma」という音も、声の高低によって「母（mā）」「麻（má）」「馬（mǎ）」「罵（mà）」と、まったく違う意味になります。1声は高く平らに、2声は上がる調子で、3声は下がって上がり、4声は強く下げる感じで発音します。この声調をマスターすれば、中国語らしい発音ができるようになります。

みんな大好き！ パンダ！

パンダは中国を代表する動物として、世界中で愛されています。パンダは多くの人々を魅了しています。

🔶 パンダの暮らし

• **食事と生活**　パンダは1日の多くを食事に使います。主食は竹で、1日に12時間以上かけて食べ続けます。

• **住んでいる場所**　野生のパンダは中国の山岳地帯にしか住んでいません。標高1,300mから4,000mの高い山の中で暮らしています。寒い場所に住んでいますが、他のクマと違って冬眠はしません。それは、竹が一年中食べられるからです。

• **赤ちゃんパンダ**　生まれたばかりの赤ちゃんパンダは、とても小さく、体重はわずか90〜130グラムしかありません。母パンダが大切に育て、生後5〜6ヶ月で竹を食べ始めるようになります。

かつては絶滅が心配されましたが、中国政府の保護活動のおかげで、今では野生のパンダの数は1,800頭以上にまで増えています。日本でも東京都の上野動物園や和歌山県のアドベンチャーワールドで、愛らしいパンダに会うことができます。

コラム　パンダ外交って知ってる？

パンダは「動く国宝」として、中国が世界各国との友好のしるしに贈ってきた特別な動物です。これを「パンダ外交」と呼びます。日本では1972年の日中国交正常化を記念して、上野動物園にカンカンとランランが贈られました。それ以来、パンダは日中友好のシンボルとして、多くの人々に愛され続けています。

中国のお正月
春節の大移動！

中国のお正月である春節は、世界で最も大きなお祝いの1つです。春節になると、中国では「春運」と呼ばれる大きな人の移動が始まります。

◆ 驚きの大移動

• **どれくらいの人が動くの？** なんとのべ約30億人もの人々が、故郷に帰ったり旅行に出かけたりします。電車やバス、飛行機は大勢の人でいっぱいになります。

• **どうやって帰るの？** 最近は、新幹線のような高速鉄道が中国中に広がり、便利に移動できるようになりました。昔は切符を買うために何時間も並ばなければなりませんでしたが、今ではスマートフォンで簡単に予約ができます。

◆ 楽しい春節

• **家族との時間** 春節は家族みんなで過ごす大切な時間です。お母さんやお父さんと一緒に餃子を作ったり、お年玉（紅包）をもらったりして過ごします。

餃子は中国では縁起のいい食べ物なんだって！

中国の旧正月

長寿麺

餃子

年糕

春巻き

みかん・オレンジ

魚料理

日本のおせち料理は中国の暦にルーツがあるんだって！

日本の正月

栗きんとん

昆布巻き

田作り

黒豆

海老

祝焼鯛

お雑煮

コラム 春節の飾りつけ大変身！

春節になると、街中が赤色で彩られます。玄関には「福」という字を逆さまに貼ります。なぜ逆さまなのでしょう？　中国語で「逆さま」という言葉は「到来する」という意味の言葉と同じ発音。「福が到来する」という願いを込めて、逆さまに貼るのです。このように、春節の飾りには様々な願いが込められています。

綺麗なチャイナドレス！

チャイナドレスは、中国の伝統と新しい文化が出会ってできた、とても美しい服です。首元の高い襟、体にフィットした形、脚の部分のスリットが特徴的です。

◆ チャイナドレスの歴史

● **生まれた場所** 1920年代の上海で生まれました。当時の上海は、世界中の文化が集まる、とてもおしゃれな街でした。映画女優たちがチャイナドレスを着るようになり、多くの女性たちの間で人気になりました。

● **特徴的なデザイン** チャイナドレスには、きれいな刺繍や模様がついています。赤や金色など、鮮やかな色使いも魅力の一つです。着る人の体型を美しく見せる工夫がたくさん詰まっているのです。

◆ 現代のチャイナドレス

結婚式やパーティーなど、特別な日に着る服として愛されています。お祝いの席で着られることが多く、華やかな雰囲気を演出してくれます。チャイナドレスは、古い伝統と新しいファッションが出会ってできた、とても素敵な服です。日本の着物のように、大切な行事で着られ、中国の文化を今に伝えています。

香港の広告に描かれた昔のチャイナドレス。

日本の着物のように、大切な行事のときなどに着るんです！

わあ！ 私も着てみたいなあ！

コラム 中国の少数民族の衣装を見てみよう！

中国には56の民族がいて、それぞれが独自の民族衣装を持っています。チベット族は寒い高原で暮らすため、カラフルで暖かい服を着ます。モンゴル族は馬に乗りやすい長いガウンのような服を好みます。苗（ミャオ）族は銀の装飾をたくさんつけた華やかな衣装が特徴的です。民族衣装には、その土地の気候や生活が表れているのです。

1-10

面白すぎる！
三国志やキングダム

中国の歴史を描いた漫画のなかでも、とても人気がある「三国志」と「キングダム」について紹介しましょう。

◆ 三国志の世界

- **三人の英雄** 約1800年前の中国では、劉備、曹操、孫権という3人の英雄が、それぞれ国をつくりました。劉備は関羽や張飛という強い武将と兄弟のように固い絆で結ばれ、諸葛亮という賢い軍師と一緒に戦いました。

◆ キングダムの世界

- **少年の大きな夢** 紀元前の中国を舞台に、信という少年が大将軍になることを目指して戦う物語です。信は王様である嬴政と出会い、中国全土を1つにするという大きな夢に向かって戦っていきます。

- **熱い戦いと友情** キングダムでは、たくさんの人々が自分の信じる道を進むために戦います。信は仲間たちと共に成長し、大きな夢に向かって進んでいくのです。このように、三国志もキングダムも、勇気や知恵、そして友情の大切さを教えてくれる、とても魅力的な物語なのです。

曹操

魏

蜀

呉

劉備

同盟

孫権

わぁーっ、かっこいいなぁ！

コラム　三国志の知恵くらべ！

三国志には面白い知恵比べの場面がたくさんあります。特に有名なのは「空城の計」です。諸葛亮は、敵の大軍が攻めてきた時、城の門を開け放って城壁の上で琴を弾いていました。敵は「きっと罠だ」と思って引き返しましたが、実は城には兵士がほとんどいなかったのです。このように、知恵で戦う場面が三国志の魅力の1つとなっています。

第2章

中国の
エンタメ

2-1
世界でも注目!?
スゴい中国ドラマ

最近、中国のドラマが世界中で大人気になっています。特に時代劇は、きれいな衣装や大きなセット、迫力ある映像で多くの人々を魅了しています。

🔶 スゴい中国ドラマの特徴

● **豪華な制作費**　中国のドラマは長編のものも多く、1作品に100億円以上もの制作費をかけることもあります。これは、日本のドラマの10倍以上です。

● **美しい出演者たち**　14億人もの人口がある中国では、とても魅力的な俳優さんがたくさんいます。演技も上手で、見ている人を物語の世界に引き込んでしまいます。

● **面白いストーリー**　宮廷の中での恋物語や、歴史上の英雄たちの活躍など、様々な物語があります。特に「瓔珞」というドラマは、180億回以上も見られる大ヒット作品となりました。

● **世界への広がり**　今では90か国以上で中国ドラマが放送され、多くの国の人々が楽しんでいます。日本でも、テレビやインターネットで簡単に見ることができるようになりました。

横店影視城は、世界最大の映画村なんです！

ここでたくさんの映画やドラマが撮影されているんだね！

コラム　中国ドラマのセットは大がかり

中国の時代劇ドラマ「瓔珞」の場合、宮殿のセットは本物と同じ大きさで作られ、細部まで本物そっくり。

このようなセットにより、まるで本当の歴史の世界に入り込んだような臨場感を味わうことができるのです。

2-2

アクション映画がスゴすぎる！中国映画の世界

中国のアクション映画は、すごい技と美しい映像で、世界中の人々を驚かせています。カンフーや剣術を使った迫力ある戦いのシーンは、まるで空を飛んでいるように見えることもあります。

◆ 中国映画のスゴさ

- **スゴ技の数々** ジェット・リーやジャッキー・チェンなど、世界的に有名な俳優たちは、本物の武術の達人です。危険な技も自分で演じ、見ている人をワクワクさせてくれます。

- **美しい映像** 「HERO」という映画は、まるで絵画のように美しい映像で、世界中で大人気になりました。赤や青、緑など、場面ごとに違う色を使って、とても幻想的な世界を作り出しています。

- **歴史を感じる物語** 中国の歴史上の英雄たちの物語を、アクション映画として描くことも多いです。「イップ・マン」という映画は、大スターブルース・リーの先生だった実在の武術家の物語を描いて、大ヒットしました。

コラム　カンフー映画の秘密を探れ！

カンフー映画では、ワイヤーアクションという特殊な撮影方法を使います。細いワイヤーで役者を吊るして、空を飛ぶような動きを実現するのです。でも、ジャッキー・チェンは本物の動きにこだわり、ワイヤーを使わずに驚くような技を披露します。20メートルもの高さから飛び降りたこともあるそうです。

2-3

アニメの新星！
中国アニメの実力を見よ

最近、中国のアニメがとても人気になっています。美しい絵と心温まる物語で、世界中の人々を楽しませているのです。

◆ すごい中国アニメ

- **美しい映像**　中国のアニメは、とてもきれいな絵で描かれています。特に「羅小黒戦記」という映画は、かわいい黒猫の主人公が活躍する物語で、日本でも大人気になりました。

- **世界に広がる人気**　「時光代理人」というアニメは、世界中の人々が協力して作られました。日本や韓国など、いろいろな国の人たちが力を合わせて、素晴らしい作品を生み出しています。

- **伝統と新しさ**　中国の昔話や伝説をもとにした物語も人気です。「ナタ～魔童降臨」という映画は、古い物語を新しい形で描いて、世界中で大ヒットしました。

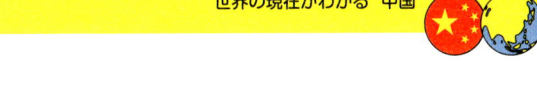
中国で人気の日本アニメ

日本名	中国名	中国名読み方
ドラえもん	哆啦A梦	ドゥオラーAモン
クレヨンしんちゃん	蜡笔小新	ラービー　シャオシン
名探偵コナン	名侦探柯南	ミンセンタン　コーナン
ONE PIECE	海贼王	ハイゼイワン
ポケットモンスター	精灵宝可梦	ジンリンバォコーモン
NARUTO―ナルト―	火影忍者	フォインレンジャー
ドラゴンボール	龙珠	ロンジュー
SLAM DUNK	灌篮高手	グアンラン　ガオショウ
ちびまる子ちゃん	樱桃小丸子	インタオ　シャオワンス
美少女戦士セーラームーン	美少女战士	メイシャオニュージェンシ

ドラえもんやピカチュウは中国でも大人気なんだね！

コラム **中国アニメの歴史を知ろう！**

中国最初のアニメ映画といわれている「大閙天宮」は、1961年から1964年にかけて作られました。孫悟空をモデルにした主人公が天の宮殿で大暴れする物語です。中国の伝統的な切り絵や水墨画の技法を使って作られ、今でも世界中で高く評価されている名作なのです。

2-4
SNSで覗く！中国ティーンの放課後

中国の若者たちは、放課後にスマートフォンを使って、たくさんの友達とつながって楽しく過ごしています。日本とは少し違う、中国の若者たちの放課後の様子を見てみましょう。

◆ 人気のSNSアプリ

• WeChat（ウィーチャット）で友達とおしゃべり　中国の子どもたちは、WeChatというアプリを使って友達とメッセージを送り合います。写真や動画を共有したり、ゲームで遊んだりすることもできます。

• Douyin（ドウイン）で動画を楽しむ　主に短い動画を見たり作ったりできるアプリです。ダンスや歌、面白い出来事など、楽しい動画がたくさん投稿されています。

◆ 放課後の過ごし方

• 勉強と趣味の両立　中国の子どもたちは勉強熱心で、放課後も勉強をしっかりします。でも、SNSを使って友達と交流したり、好きな動画を見たりして、楽しい時間も過ごしています。

開封市 ←→ 鄭州市

50km

肉まんを食べるために
はるばる開封まで行った
女子大生の投稿がバズって、
20万人の若者が鄭州から
開封を目指しました！

これはびっくり！

コラム　中国のSNSはスゴく便利！

中国のWeChatは、たくさんのことができる「スーパーアプリ」です。メッセージのやり取りはもちろん、電車のチケットを買ったり、レストランを予約したり、お金を支払ったりすることもできます。

2-5

生配信で大購入！？
インフルエンサーの裏技

中国ではインターネットで商品を売る「ライブコマース」という新しい形のお買い物が、大人気です。テレビのショッピング番組のようにインフルエンサーが商品を紹介して販売するのです。

◆ 人気インフルエンサーの世界

• **すごい人気ぶり**　中国のトップインフルエンサーにはたくさんのファンがいます。薇婭さんや李佳琦さんが大人気です。多い日には合計４億8,800万人が２人の配信を視聴しました。

• **配信の工夫**　インフルエンサーたちは、商品の良いところを分かりやすく説明したり、おもしろい話を交えたりして、見ている人を楽しませています。

• **新しい技術**　最近では、AIを使って作られたインフルエンサーも登場しています。コンピューターが作り出した人物が、24時間休まずに配信を続けることもできるようになりました。

このように中国のライブコマースは、新しい技術とともに日々進化を続けているのです。買い物が、まるでテレビ番組を見ているように楽しくなっています。

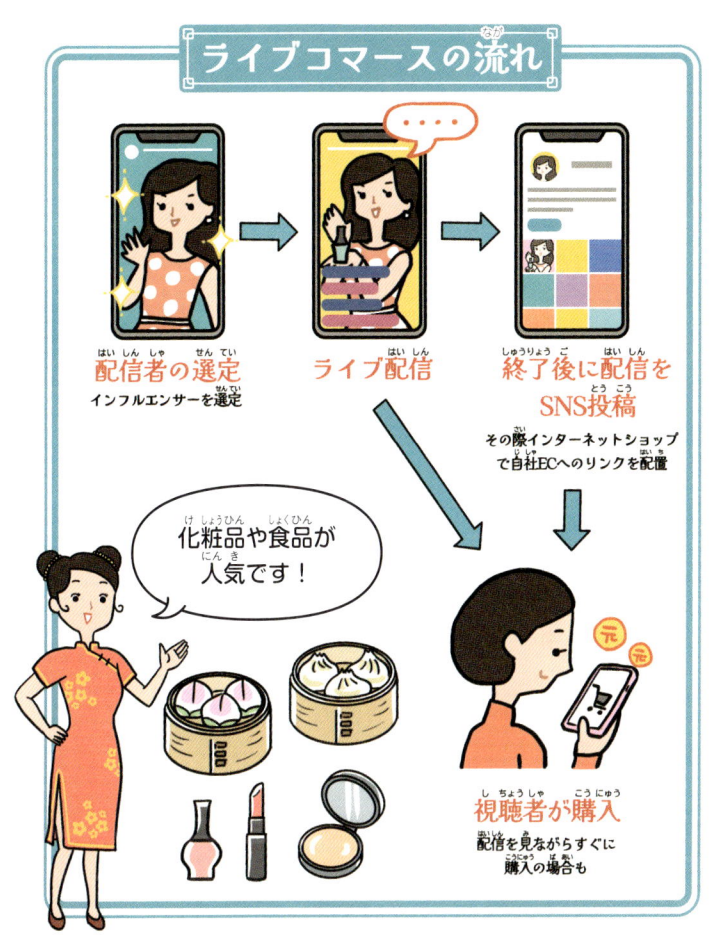

ライブコマースの流れ

配信者の選定
インフルエンサーを選定

ライブ配信

**終了後に配信を
SNS投稿**
その際インターネットショップ
で自社ECへのリンクを配置

化粧品や食品が
人気です！

視聴者が購入
配信を見ながらすぐに
購入の場合も

コラム　すごい！　中国のライブコマースの記録

中国の人気インフルエンサー、薇婭さんは、2021年の「独身の日」（11月11日）のセールで、1日で約3,349億800万円分の商品を売り上げました。化粧品やお菓子、家電製品など、次々と商品を紹介し、視聴者は3億人以上！　これは日本のテレビ番組の視聴者数をはるかに超える数字なのです。

2-6

eスポーツ選手は
学校で英雄!?

中国では、eスポーツ選手が学校でとても人気のある存在になっています。特に2023年のアジア競技大会で、eスポーツが正式な競技になってからは、さらに注目を集めています。

◆ 学校でのeスポーツ

● **人気の理由** 中国のeスポーツ市場はとても大きく、多くの若者が夢中になっています。試合のチケットは高額でもすぐに売り切れてしまうほどの人気です。

● **学生選手の活躍** 学校では、eスポーツのチームを作って練習に励む学生たちがいます。大会での優勝を目指して、放課後も熱心に練習をしています。

● **将来の夢** eスポーツの試合では、大きな賞金を獲得することもできます。そのため、プロの選手を目指す学生も増えています。

● **学校のサポート** 多くの学校が、eスポーツを応援しています。プロ選手を招いて特別な講習会を開いたり、専用の練習場所を用意したりする学校もあります。

eスポーツイベントでたくさんの中国人eスポーツ選手たちが活躍しています！

プロのeスポーツ選手に
なるには、ただゲーム
好きなだけじゃ
ダメなんです！

コラム eスポーツ選手になるのはとても大変！

プロのeスポーツ選手になるには、ゲームが上手なだけではダメです。1日8時間以上の練習に加えて、体力作りのトレーニングも欠かせません。また、チームメイトと協力する力や、瞬時の判断力も必要です。中国では、eスポーツの専門学校もあり、プロを目指す若者たちが真剣に学んでいます。

2-7

ゲーム天国
中国発ヒットゲームの舞台裏

中国で作られたゲームが、今、世界中で大人気になっています。特に「原神」というゲームは、美しい世界で冒険ができる大作として、多くの人々に愛されています。

◆ すごい規模！中国のゲーム

• **大きな市場**　中国では、6億人以上の人々がゲームを楽しんでいます。これは日本の人口の約5倍もの人数です。たくさんの人がゲームで遊ぶことで、より良いゲームが生まれているのです。

• **人気のゲーム**　「原神」は、広い世界を自由に冒険できるゲームで、美しい音楽とグラフィックが特徴です。開発には100億円以上もの費用がかかったそうです。

• **世界に広がる人気**　中国のゲーム会社は、日本の声優さんを起用したり、アニメのような絵を採用したりして、世界中の人々に楽しんでもらえるゲームを作っています。

このように中国のゲームは、世界中の人々を楽しませる、新しいエンターテインメントとして成長を続けているのです。

2021年1月中国発スマホゲーム売上高TOP30
海外App Store + Google Play

1. 原神	16. Age of Z Origins
2. PUBG MOBILE	17. 守望黎明
3. 王者纪元	18. 像素幻想曲!! Music
4. State of Survival	19. 无尽对决
5. 万国觉醒	20. 帝国纪元
6. 荒野行动	21. Cash Frenzy™ Casino
7. 使命召唤手游	22. 火枪纪元
8. Project Makeover	23. 征途
9. 黑道风云	24. Matchington
10. 明日方舟	25. 第五人格
11. 放置少女	26. 明日之后
12. 三国志・战略版	27. 战火与秩序
13. 口袋奇兵	28. 江山美人
14. 迹…	29. 蓝星航线
15. 阿瓦隆…	30. Puzzles & Surviva…

出典：Sensor Towerを元に作成

「原神」や「荒野行動」は日本でも有名ですね！

僕たちもやってみたいな！

コラム　ゲーム会社の工夫がスゴい！

「原神」を作った会社では、3000人以上の人々が働いています。音楽を作る人、絵を描く人、物語を考える人など、それぞれの専門家が力を合わせてゲームを作ります。特に音楽は、ロンドン交響楽団に演奏を依頼するなど、本格的です。このようなたくさんの工夫が、世界中で愛されるゲームを生み出しているのです。

2-8

アイドルファンの熱気が スゴい！ 推し活最前線

中国でも、アイドルを応援することを「推し活」と呼び、とても人気があります。特に若い女性たちの間で、大きな盛り上がりを見せています。

◆ 中国の推し活

• **すごい応援方法** ファンたちは、好きなアイドルのために様々な応援をします。アイドルの誕生日には大きな広告を街に出したり、アイドルが宣伝する商品を買ったりして応援します。

• **ネットでの応援** 中国では「WeChat（ウィーチャット）」や「Douyin（ドウイン）」というアプリを使って、アイドルの情報を共有したり、応援の気持ちを伝えたりします。

• **楽しい推し活** アイドルのコンサートやイベントでは、ファンたちが声援を送ったり、応援グッズを振ったりして、みんなで一緒に盛り上がります。

扔个飞吻：	投げキスして
比个心：	ハートして
击中我/正中红心：	バーンして
做个猫耳：	猫耳して
撒个娇：	愛嬌して
比个剪刀手：	ギャルピースして
抛个媚眼：	ウィンクして
对视3秒：	3秒見つめて
抱一个：	ハグして
叫我○○：	○○って呼んで

推し活に使えるので、覚えておくといいですね！

コラム ファンの愛情がスゴい！

中国のアイドルファンは、好きなアイドルの誕生日に驚くような応援をすることがあります。たとえば、上海の高層ビルの大きな電光掲示板に誕生日メッセージを表示したり、地下鉄の駅全体をポスターで飾り付けたりします。また、アイドルの名前を冠した図書館や学校を建てるなど、社会貢献活動として応援することも増えているそうです。

中国語になった日本の歌

中国では、日本の歌を中国語に訳して歌うことがよくあります。
これを「カバー曲」と呼びます。

◆ 中国で大人気のカバー曲

・**代表的な中国語カバー曲**　日本の歌の「涙そうそう」は中国語で「陪我看日出」（私と日の出を見る）という題名になりました。シンガポールの歌手、蔡淳佳（ツァイ・チュンジア）が歌っています。

Kiroroの「未来へ」は「后来」（その後）という題名で、台湾の刘若英（レネ・リウ）が歌いました。

・**日本の歌が中国語になるとき**　日本語の歌詞を中国語に変えるときは、そのまま訳すのではなく、中国語らしい表現に変えます。たとえば「涙そうそう」は「日の出を見る」という別の情景で表現されています。

・**カラオケでの交流**　中国の人とカラオケに行って日本の曲を歌うと「中国にもあるよ」と言われることがあります。そして中国語版を歌ってくれます。このように、音楽は日本と中国の人々の交流のきっかけになっています。

オリジナル曲	アーティスト	中国語カバー	アーティスト
未来へ	Kiroro	后来	刘若英
願い -あの頃のキミへ-	當山みれい	把回忆拼好给你	王贰浪
TSUNAMI	サザンオールスターズ	她爱了我好久	苏永康
涙そうそう	BEGIN	陪我看日出	蔡淳佳
世界に一つだけの花	SMAP	Only One	张栋梁

中国ではショッピングセンター内に「ひとりカラオケ」があるんです！

中国の人も、日本の歌が大好きなんだね！

第2章　中国のエンタメ

コラム 音楽でつながる日中の心

「世界に一つだけの花」は中国語で「Only One」という題名になりました。SMAPの名曲を台湾の歌手、張栋梁が歌っています。また、サザンオールスターズの「TSUNAMI」は「她爱了我好久」（彼女は僕をずっと愛していた）というまったく違う意味の題名で香港の歌手、苏永康（ウィリアム・ソー）によってカバーされました。

2-10
休日どこ行く？若者たちのお出かけ事情

中国の若者たちは、休日になるとさまざまな場所へ出かけて楽しい時間を過ごしています。特に最近は、新しい楽しみ方が人気になっています。

◆ 人気のお出かけスポット

• **シティウォーク**　街をゆっくり歩きながら、おしゃれなカフェに立ち寄ったり、写真を撮ったりして楽しむ「シティウォーク」が大人気です。特に上海や北京など、歴史的な建物と新しい建物が混ざり合った街が人気です。

• **グルメ探検**　おいしい食べ物を求めて、遠くの街まで出かける若者も増えています。特別な麺や名物の料理を食べるために、電車に乗って旅行する人もたくさんいます。

• **コンサート旅行**　好きなアイドルや歌手のコンサートを見に行くために、遠くの街まで出かける若者も増えています。コンサートの前後には、その街の観光地や人気のレストランにも立ち寄ります。

▼上海の街並み

上海は、歴史的な古い建物と近代的な建物があって、見どころ満載です！

第2章　中国のエンタメ

私たちも行ってみたいな！

▲古い建物も上海の魅力！

コラム 中国の若者に人気の「打卡」って何？

「打卡」とは、SNSで話題の場所に行って写真を撮り、訪れた記録を残すことです。おしゃれなカフェや、きれいな夜景が見えるスポット、人気の観光地などで写真を撮って投稿します。友達と一緒に「打卡スポット」を巡る旅行が流行っていて、新しい観光の形として注目されているのです。

暮らしの今

3-1
一人っ子政策の今

中国では、長い間「一人っ子政策」という決まりがありました。これは、お父さんとお母さんが子どもを一人しか持てないというルールでした。

◆ 中国の一人っ子政策

● **政策の変化** 2016年から、このルールは大きく変わりました。最初は「二人まで」、そして今は「三人まで」子どもを持つことができるようになりました。

● **今の中国の様子** しかし、不思議なことに、子どもの数は増えていません。その理由には3つあります。

1. 子育てにはお金がたくさんかかること
2. 若い人たちの考え方が変わってきたこと
3. 仕事と子育ての両立が難しいこと

● **政府の取り組み** 中国の政府は、子育てをする家族を応援しています。たとえば、お母さんやお父さんが子どもと一緒にいられる休みを長くしたり、教育にかかるお金を少なくしたりする工夫をしています。

夫婦1組に子ども一人まで ➡ 制限を超えると 罰金

一人っ子政策 1979年～

2016年～
第2子まで 認

2021年～
第3子まで 認

一人っ子政策は食糧不足を防ぐために1979年に導入されました。

子どもは一人と宣言すれば、学費減免などの特典があったそうだね。

コラム 「小皇帝」って知ってる？

一人っ子政策の時代、一人っ子のことを中国では「小皇帝（シャオファンディ）」と呼んでいました。これは、家族みんなが一人の子どもを大切にしすぎて、まるで皇帝のように育ててしまうことを表す言葉です。

おじいちゃん、おばあちゃん、お父さん、お母さんの愛情が一人の子どもに集中するので、「421症候群」とも呼ばれていました。

3-2

高校生以下の恋愛は絶対禁止？

中国の高校生以下の学生たちには、とても特別なルールがあります。それは「恋愛禁止」というルールです。

◆ 中国の学校生活

• **勉強が一番大切** 中国では、高校生までは勉強に集中することがとても大切だと考えられています。特に大学入学試験は、将来の生活を左右する大切な試験なのです。

• **学校のきまり** 学校では交際していることが見つかると、先生から注意されたり、親が呼び出されたりすることもあります。

• **大学生以降** 大学生になると、恋愛は自由になります。大学で初めて恋愛を経験する人も多いです。初めて付き合った人と結婚する人も珍しくありません。そして、社会に出たら今度は「さっさと相手を見つけて結婚して孫を生んでおくれ」と親に要求されるので、子どもにしたらたまったものではありません。

~日本の高校生~

~中国の高校生~

わたしは素敵な恋愛をしたいわ！

勉強ばかりの青春もいいかも！

コラム　変わりゆく中国の恋愛事情

最近の中国では、若者の恋愛に対する考え方が少しずつ変化しています。「恋愛禁止」のルールは残っていますが、SNSでの交流は増えています。時代とともに、若者たちの恋愛観も変わるのでしょう。

3-3

さよなら財布！
スマホ１つで便利生活！

最近の中国では、スマートフォン１つでほとんどの買い物ができるようになっています。財布を持ち歩かなくても、毎日の生活に困らないのです。

◆ スマホでできること

- **お買い物**　スーパーやコンビニ、レストランでは、スマートフォンの画面を見せるだけで支払いができます。小さな露店でも、店の人が用意したQRコードを読み取るだけで、簡単に支払いができます。

- **交通機関の利用**　バスや地下鉄に乗るときも、スマートフォンを専用の機械にかざすだけ。切符を買う必要がありません。タクシーも、アプリで呼んで、支払いまでスマートフォンでできます。

- **生活サービス**　電気代や水道代の支払い、映画のチケット予約、レストランの予約まで、すべてスマートフォンでできます。

コラム 中国のデジタル人民元って何？

中国では、お金をデジタル化した「デジタル人民元」の実験が始まっています。これは、スマートフォンで使えるお金です。たとえば、地下鉄の中や山の中でもお買い物ができます。将来は、紙のお金の代わりになるかもしれない新しい技術なのです。

タクシー呼ぶ？
スゴすぎる配車アプリ

中国では、スマートフォンのアプリを使ってタクシーを呼ぶことができます。「DiDi（ディディ）」という配車アプリは、とても便利で人気があります。

🔶 便利な配車アプリ

- **簡単な使い方**　UberやGOと同じように、アプリを開いて、行きたい場所を入力するだけで、近くにいるタクシーが迎えに来てくれます。

- **安心の機能**　タクシーのナンバーや運転手さんの情報がわかるので、安心して乗ることができます。料金もアプリで支払えるので、お財布を出す必要がありません。

- **いろいろな選び方**　普通のタクシーの他に、きれいな高級車を選ぶこともできます。長い距離を移動するときは、乗り合いタクシーを使うと、お得に移動できます。

中国語ができなくても
目的地に連れて行って
くれます！

コラム　他にもある嬉しいポイント！

DiDiには、飛行機の到着時間に合わせて配車してくれる空港送迎
サービスがあります。フライトが遅れても自動で対応してくれま
す。また、運転手と乗客は互いに評価し合うシステムがあり、高評
価の乗客には優良ドライバーが優先的に配車されます。

3-5

多彩な乗り物たち
地下鉄・バス・シェア自転車

中国の街には、たくさんの便利な乗り物があります。地下鉄、バス、シェア自転車など、それぞれの乗り物には特徴があり、多くの人々が利用しています。

◆ 便利な乗り物たち

• **大きな地下鉄網** 中国の地下鉄は、とても大きなネットワークを持っています。たとえば上海の地下鉄の総延長は現在800km超となっており、開業して約20年で、世界最長の路線網を持つ都市となりました。

• **安いバスの料金** 中国のバスは、1回の乗車で1〜2元（約15〜30円）と、とても安く利用できます。時刻表はありませんが、次々とバスが来るので、便利に使えます。

• **どこでも借りられる自転車** 街のあちこちに置いてある「シェア自転車」は、スマートフォンで簡単に借りることができます。QRコードを読み取って、乗り終わったら好きな場所に停めることができる便利な乗り物です。

中国のリニアモーターカー、上海トランスラピッドです！

最高速度は時速430kmなんだって！

第3章　暮らしの今

▲ 上海トランスラピッドの車内

コラム　夢の超特急！　中国の新幹線

中国の新幹線「中国高速鉄道」は、世界最大の路線網を持っています。最高時速は350kmで、日本の新幹線よりも速いのです。車内には、スマートフォンの充電ができる場所があり、食堂車では地域の名物料理も楽しめます。また一部の駅では、切符は顔認証で改札を通れるので、とてもスムーズに乗ることができます。

フードデリバリー対決！
早く届けてくれるのは？

中国では、スマートフォンで注文した食事があっという間に届く「フードデリバリー」が、とても人気です。「美団」と「餓了麼」という2つの会社が、より早く届けようと競争しています。

◆ すごい配達スピード

• **早い配達の秘密**　配達員は電動バイクに乗って、とても効率よく配達します。1人の配達員さんが早いと3時間45分で20件も配達できるそうです。スマートフォンが最も効率の良い配達ルートを教えてくれるので、たくさんの注文を同時に運ぶことができます。

• **便利な注文方法**　スマートフォンアプリで簡単に注文ができ、お支払いもアプリでできます。料理のお店だけでなく、スーパーの食材なども届けてくれます。

• **人気の理由**　特に若い人たちに人気があり、仕事中や外に出たくないとき、料理を作る時間がないときによく使われています。値段も安く、多くの人が毎日のように利用しています。

配達員は中国全土で1200万人いると言われています！

みなさん、安全運転でお願いします！

コラム 中国のフードデリバリーの驚きの数字！

中国のフードデリバリー市場は2023年に約30兆円規模に成長し、世界最大の市場となりました。人気の配達アプリ「美団」と「餓了麼」の2社で市場の95％を占めています。配達員の数は1,200万人以上で、1日の配達件数は4,000万件を超えるそうです。まさに、中国の「食」を支える巨大産業に成長しているのです。

中国では卓球ではなく
バスケが人気 No.1？

中国のスポーツ人気について、意外な事実を紹介しましょう。実は今、中国で最も人気があるスポーツはバスケットボールなのです。

◆ バスケットボールの人気

● **すごい人気ぶり** 中国のバスケットボール競技人口は約7,610万人（2021年）とされています。学校の校庭には必ずバスケットコートがあり、たくさんの子どもたちが放課後に練習しています。

● **人気の理由** 2000年代に姚明選手がアメリカのNBAで活躍したことで、バスケットボールの人気は一気に高まりました。

● **卓球との違い** 卓球は中国の「国技」として知られていますが、これは競技としての成績の高さを表しています。一方、バスケットボールは若い人たちを中心に、多くの人々に親しまれているスポーツなのです。

中国といえば卓球のイメージが強いですね！

中国はバスケットのプロリーグも大人気なんだよね！

第3章 暮らしの今

コラム 日本の野球人気の高まりと似てる！

日本でも1990年代半ばから2000年代前半にかけて、野茂英雄選手、イチロー選手、松井秀喜選手といった日本のプロ野球界を代表する選手がMLB（大リーグ）でプレーするようになり、野球人気が高まりました。

仲良しの秘訣 !? 円卓で食べる中華

中国の食事では、大きな丸いテーブル「円卓」を囲んで、みんなで楽しく食事をします。この円卓には、とても素敵な工夫がたくさん詰まっているのです。

◆ 円卓の特徴

• **便利な回転台**　テーブルの真ん中には回転する台があり、料理の皿を乗せて回すことができます。遠くの料理も、回転台を回せば自分の前まで来るので、とても便利です。

• **みんなで分け合う楽しみ**　中国料理は大きなお皿に盛られた料理を、それぞれの小さなお皿に取り分けて食べます。みんなで同じ料理を分け合って食べることで、より仲良くなれるのです。

• **円卓のマナー**　料理を取るときは、年上の人から順番に取ります。また、回転台は時計回りに回すのがルールです。誰かが料理を取っているときは、回転台を動かさないようにしましょう。

立食パーティでも
交流用に円卓が
置かれるそうだよ！

全員の顔が見やすく、
コミュニケーションが
とりやすいです！

第3章

暮らしの今

コラム 円卓の席順にも意味がある！

中国の円卓には、席順の決まりがあります。主賓（一番大切なお客様）は、ドアから最も遠い席に座ります。その左隣が2番目に重要な席で、右隣が3番目に重要な席となります。主人は主賓の真向かいの、ドアに近い席に座ります。このように、円卓の席順には、相手を敬う気持ちが表れているのです。

公園は誰のもの？
朝から晩まで大にぎわい

中国の公園は、朝から晩まで、いろいろな人たちでにぎわう楽しい場所です。時間帯によって、違う顔を見せる公園の様子を見てみましょう。

◆ 時間で変わる公園の顔

• **朝の公園**　早朝から多くのお年寄りが集まって、太極拳や気功をしています。静かな音楽に合わせて体を動かす人々の姿は、とても優雅です。

• **昼間の公園**　お弁当を広げる人、木陰で休む人、芝生で寝転がる人など、思い思いの方法でくつろいでいます。子どもたちは遊具で遊び、お母さんたちはおしゃべりを楽しんでいます。

• **夕方の公園**　仕事帰りの人たちが、軽い運動やジョギングを楽しみます。友達同士でダンスの練習をする若者たちもいます。

• **夜の公園**　夜になると、広場で踊りを楽しむ人たちの姿が見られます。LEDライトできれいに照らされた噴水の周りには、涼しい夜風を楽しむ人々が集まっています。

公園は、中国の人々の憩いの場になっています。

中国でおなじみの朝の風景だね！

コラム 太極拳と気功とは？

太極拳と気功は、どちらも中国の伝統的な健康法です。気功は「気」という体のエネルギーを使って、呼吸法とイメージトレーニングを重視します。一方、太極拳は、ゆっくりとした動きで体のバランスを整え、護身術としても使える武術です。

両方とも年齢に関係なく始められ、体と心の健康を保つことができます。

3-10

市場 VS スーパー
買い物の達人になろう

中国の市場とスーパーには、それぞれ異なる特徴があります。
日本との違いなどを見ていきましょう。

◆ 市場の特徴

- **商品と値段** 日本では市場が減少傾向にある一方、中国では依然として市場が身近な買い物の場所です。値段は表示されておらず、交渉により決まります。同じ商品でも、店や時間帯によって値段が変わることがあります。

- **品ぞろえの違い** 日本の市場は魚や野菜中心なのに対し、中国の市場では肉類や調味料、日用品まで幅広く扱っています。1つの建物に数百の店舗が集まっているのが一般的です。

コラム 市場のかけひきが面白い！

中国の市場では、値段交渉が当たり前の文化です。最初に店主が言う値段は、交渉のスタート地点。「もう少し安くなりませんか？」と聞くと、店主は「あなたは常連だから特別に」と値引きしてくれることも。上手に交渉できると、スーパーより安く買えることもあります。これも市場ならではの楽しみ方なのです。

▼中国の朝市の様子

朝市には、朝食が食べられるお店もあります！

第3章

暮らしの今

1000年以上の歴史のある七宝老街の市場！

▲上海　七宝老街　市場の食品

第4章

驚きの最新中国

4-1

もはや雲の上？
超高層ビル探検記

中国には世界でも指折りの高いビルがたくさんあります。日本の高いビルと比べながら、中国の超高層ビルを見ていきましょう。

◆ 中国の超高層ビル

● **上海タワーの高さ**　中国で一番高いビルは上海タワーです。高さは632mで、東京スカイツリー（634m）とほぼ同じ高さです。日本製のエレベーターは1秒間に20m以上の速さで動き、あっという間に上まで行くことができます。

● **新しい決まり**　最近、中国では500mより高いビルを建てることが禁止されました。これは、安全性や環境への影響を考えてのことです。

> **コラム** 日本の高層ビル
>
> 日本一高いビルは、東京スカイツリー（634m）ですが、これは電波塔なので、実は「ビル」には分類されません。
> オフィスや住宅として使われる「ビル」の中で一番高いのは、麻布台ヒルズ森JPタワー（325m）です。地震が多い日本では、ビルを高く建てるときに特別な工夫が必要です。たとえば、強い風や揺れに耐えられるように、ビルの中に大きな振り子のようなものを入れているのです。

第4章　驚きの最新中国

新幹線で行こう！
中国縦断横断の旅

中国の新幹線は、日本とは少し違う特徴を持っています。どのような違いがあるのか、見ていきましょう。

◆ 中国の高速鉄道と日本の新幹線

● **中国の高速鉄道**　中国の高速鉄道は、G列車、D列車、C列車の3種類があり、最高時速は350km以上になります。G列車が最も速く、D列車は時速250km、C列車は時速200kmほどで運行しています。日本の新幹線には最高時速が300kmを超えるものもありますが、多くは時速200km代後半で安定しています。その理由には、カーブのきつい区間など線路の制約や、周辺に対する騒音など環境問題への配慮、緊急停止距離の確保などが挙げられます。

列車の違いには、その国の技術力だけでなく地形や制度、何を優先するかなど価値観の違いも反映されているのです。

● **中国の高速鉄道と日本の新幹線の座席クラス**　中国の高速鉄道の場合、ビジネス、特等席、1等席、2等席などから座席の種類を選ぶことができます。日本の新幹線の場合、グランクラス、グリーン車、指定席、自由席などから座席の種類を選ぶことができます。快適さや予算を考えて好きな座席を選びましょう。

中国の高速鉄道網

とにかく窓からの景色が雄大！　長江を渡るときはその川幅の広さに驚きます！

乗ってみたい！

コラム　世界の超特急

世界で一番速い営業列車は、中国の京滬高速鉄道で時速350kmを誇ります。日本の新幹線は時速320kmで、フランスのTGVやドイツのICEと並んで世界第2位です。

でも、試験走行の記録では、なんと日本のリニアモーターカーL0系が世界最速の時速603kmを記録しています。未来の超特急は、もっともっと速くなりそうです。

4-3

静かすぎる街の秘密
電気自動車が主役

中国の街では、電気自動車がどんどん増えています。日本との違いを見ながら、中国の電気自動車の特徴を見ていきましょう。

◆ 電気自動車の広がり

・数字で見る現状 中国の新車販売の38%が電気自動車です（2023年）。日本の電気自動車の新車販売比率が1.6%程度（2024年1〜6月）なのと比べると、とても大きな数字です。

・街の様子 バスやタクシー、ゴミ収集車まで電気自動車になっています。エンジンの音がしないため、街はとても静かです。

・充電設備 街のいたるところに充電設備があります。マンションの駐車場や、スーパーの駐車場にも設置されています。5つの大手企業が充電設備の7割を運営しています。

・課題 都市部では普及が進んでいますが、農村部ではまだガソリン車が多く使われています。

次のページで新車販売に占めるNEV（新エネルギー車）の割合を表にしました。

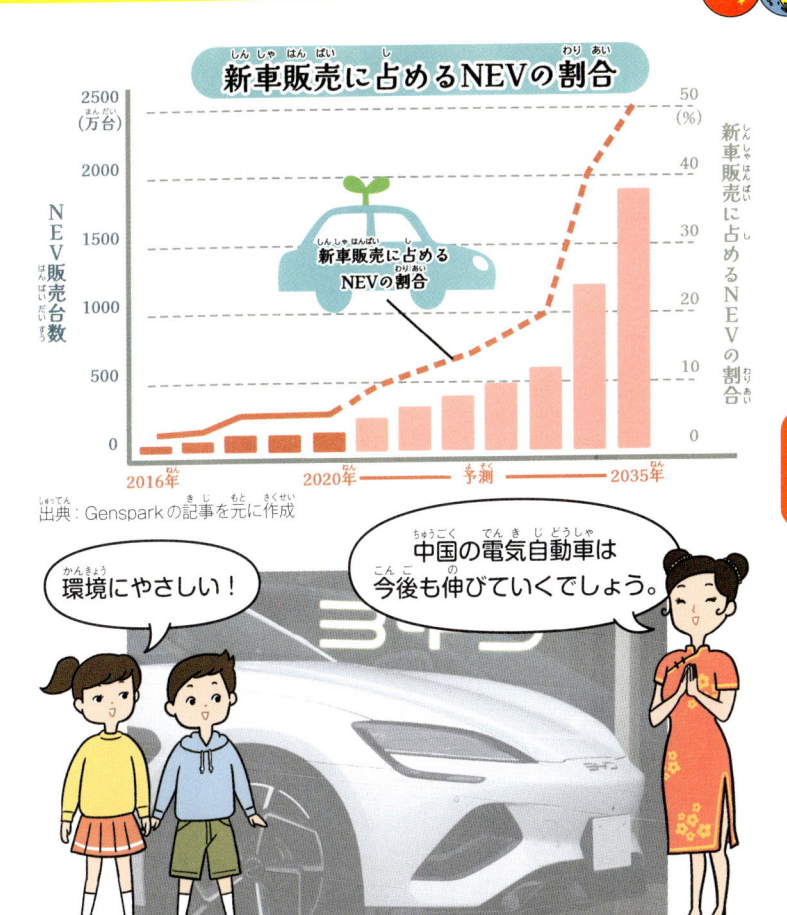

新車販売に占めるNEVの割合

NEV販売台数（万台）

新車販売に占めるNEVの割合（%）

新車販売に占めるNEVの割合

2016年　2020年　─予測─　2035年

出典：Genspark の記事を元に作成

環境にやさしい！

中国の電気自動車は今後も伸びていくでしょう。

コラム　電気自動車の値段を比べてみよう

中国の電気自動車は、日本と比べて価格が手頃です。たとえば、人気モデルの「宏光MINI EV」は日本円で約50万円から購入できます。ただし実際のところ、同車種は中国以外で発売できるような安全基準に達しておらず、最安グレードにはエアコンやエアバッグがついていません。

4-4

車が自分で走る !?
自動運転の世界

北京などの街では、運転手がいない自動運転の車が走っています。日本との違いを見ながら、その特徴を見ていきましょう。

◆ 自動運転の仕組み

● **車の目と耳**　車の屋根や周りには、カメラやセンサーがたくさんついています。これらが車の目と耳の役割をして、周りの様子を確認します。

● **車の頭脳**　コンピューターが道路の状況を判断して、ハンドルやブレーキを操作します。信号や歩行者、他の車を見分けて、安全に走ることができます。

● **中国での利用**　北京や武漢などの街では、すでに運転手のいないタクシーが走っています。スマートフォンのアプリで呼ぶと、自動運転の車が迎えに来てくれます。

● **これからの課題**　雨や雪の日の運転や、急な事態への対応など、解決しなければならない問題もまだあります。

▼自動運転のイメージ

運転手のいないタクシーは「ロボタクシー」と呼ばれています！

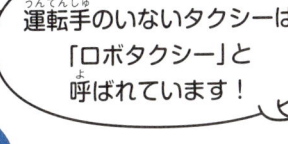

スマホでカンタン呼び出し！

コラム　自動運転の車を呼んでみよう

中国の自動運転タクシーは、スマートフォンのアプリで簡単に呼べます。料金は普通のタクシーより2～3割安いとのことです。
日本では公道での自動運転タクシーはまだまだ実験段階であり、自動運転タクシーが街中を走り回るのはまだ先になりそうです。

ロボットが店員さん!?
無人店舗の秘密

中国の街には、店員がいない「無人店舗」が増えています。日本との違いを見ながら、その特徴を見ていきましょう。

◆ 無人店舗の仕組み

● **入店方法** スマートフォンで入り口のQRコードを読み取ると、ドアが開きます。無人店舗なので、日本のように店員に「いらっしゃいませ」と声をかけられることはありません。

● **買い物の方法** 商品を手に取ると、天井のカメラやセンサーが自動的に記録します。レジに並ぶ必要はなく、出口を通るだけで支払いが完了します。

● **種類と場所** コンビニ、カフェ、本屋など、様々な店が無人化しています。無人店舗は、大学のキャンパスや、オフィスビルの中でもよく見かけます。

● **安全対策** カメラやセンサーが店内を24時間監視しています。入店時に登録した情報で誰が何を買ったかが分かるため、商品の持ち去りはほとんどありません。

第4章　驚きの最新中国

世界インターネット大会（2024年）でロボット店員が果物や野菜を販売している様子です！

すご〜い！

コラム　ロボットレストランの仕組み

中国の無人レストランでは、ロボットが料理を運びます。注文はスマートフォンで行い、完成した料理はレールに沿って走るロボットが運んできます。日本のレストランでも似たようなロボットを導入する店が増えていますが、中国では厨房でも調理ロボットが活躍しています。たとえば、麺を茹でるロボットは、注文ごとに最適な時間で麺を茹で上げることができます。

4-6

未来都市は今
スマートシティの秘密

中国では、最新の技術を使って便利な街づくりを進めています。日本との違いを見ながら、中国のスマートシティを見ていきましょう。

◆ 未来の街づくり

• **便利な交通**　信号機がAI（人工知能）で制御され、車の混み具合に合わせて青と赤の時間が変わります。救急車が来ると、自動的に信号が青になって、早く病院に着けるようになっています。

• **安全な生活**　街中のカメラが不審者を見つけたり、事故が起きそうな場所を教えたりします。ごみ収集ロボットが街をきれいに保ち、自動運転バスが人々を運びます。

• **買い物の変化**　店員のいない店が増えています。スマートフォンで入店し、商品を持って出るだけで自動的に支払いが済みます。

コラム　深センの街を歩いてみよう

深センは、40年前は小さな漁村でしたが、今では1,700万人が暮らす技術都市に変わりました。街では、道路を清掃するロボット、ドローンによる配達など、新しい技術が次々と試されています。日本の都市と違い、新しい技術をすぐに街で実験できる「実験都市」として知られています。

4-7
顔パスの魔法
顔認証システムの秘密

中国では、顔認証システムが日常生活の様々な場面で使われています。日本との違いを見ながら、その仕組みを見ていきましょう。

◆ 顔認証の使われ方

• **仕組み** カメラが顔の特徴（目や鼻、口の位置など）を読み取り、登録された情報と比べます。マスクをしていても認識できる技術も開発されています。

• **お店での買い物** 商品を手に取って出口を通るだけで、自動的に支払いが済みます。日本のようにレジで並ぶ必要はありません。中国では1億人以上が顔認証での支払いを利用しています。

• **交通機関の利用** 一部の駅の改札やバスの乗り口は、センサーに顔をかざすだけで通ることができます。切符やカードを出す必要がないので、とても早く通過できます。

• **課題** 人々の顔の情報は大切な個人情報です。情報が外に漏れないよう、データの保管方法には気を付ける必要があります。

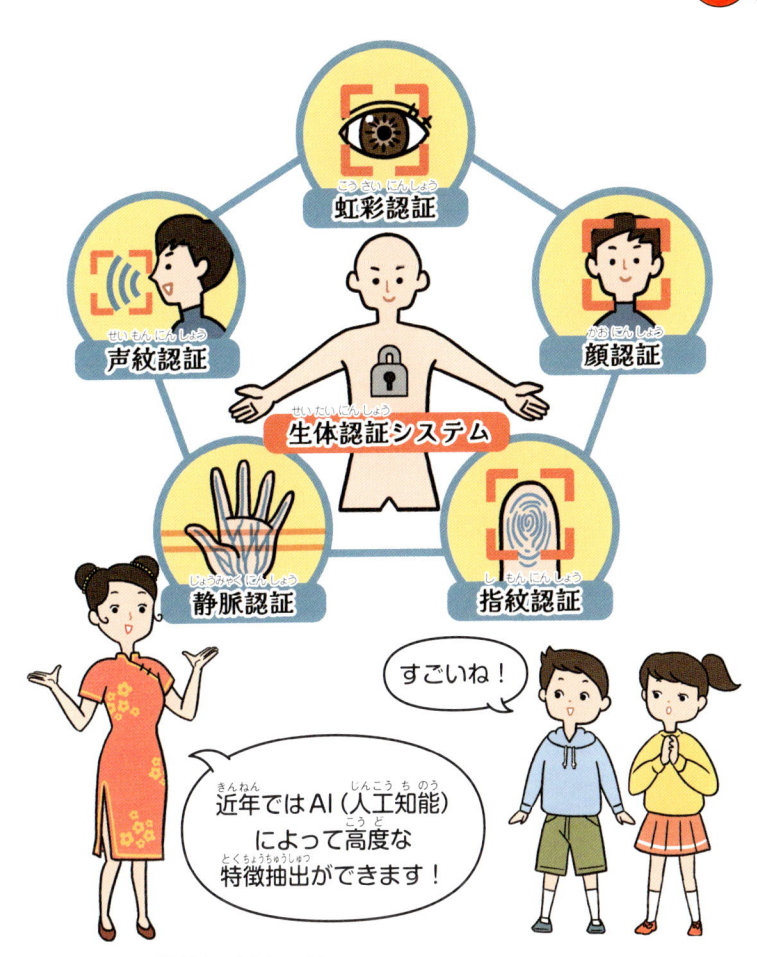

虹彩認証

声紋認証

顔認証

生体認証システム

静脈認証

指紋認証

すごいね！

近年ではAI（人工知能）によって高度な特徴抽出ができます！

第4章

驚きの最新中国

コラム　顔認証の進化を比べてみよう

日本では主に入国審査や携帯電話のロック解除に使われる顔認証ですが、中国では支払い、交通機関の利用、マンションの入館、図書館での本の貸し出しなど、用途が広がっています。最近では、双子を区別できる技術も開発されました。数秒間で20億人を識別して、対象となる人を特定できるとされています。

4-8

太陽と風の力 新エネルギーへの挑戦

中国の再生可能エネルギーの取り組みを、日本と比べながら見ていきましょう。

◆ 太陽光と風力発電

• **急速な成長**　世界太陽光発電システム新設量 (2023) の半分を中国が占めました。日本の再生可能エネルギー発電量が全体の26%程度なのに対し、中国では全体の約31%が再生可能エネルギーで発電されています。

• **大規模な発電所**　中国の西部の砂漠地域には、200か所以上の大きな発電基地が計画されています。太陽の光が強く、広い土地があるため、たくさんの発電ができます。

• **これからの目標**　中国では2035年までに発電量の55%を再生可能エネルギーにすることが計画されています。石炭による発電は、2024年5月には53%まで減っています。

GWh

再生可能エネルギー発電容量

再生可能エネルギーの利用は、中国が断トツです！

中国　アメリカ合衆国　ブラジル　インド　ドイツ　日本　カナダ　スペイン　フランス　イタリア

出典：IRENA の HP を元に作成（2023年3月25日時点）

中国に見習わなくちゃね！

コラム　日本の再生可能エネルギー

日本の再生可能エネルギーの内訳は、太陽光発電が11.2％と最も多く、次いで水力発電7.5％、バイオマス発電5.7％となっています（2023年）。政府は2030年までに再生可能エネルギーの割合を36〜38％まで引き上げる目標を掲げています。

特に太陽光発電は、静岡県浜松市のように地域の特性を活かした取り組みが進んでおり、今後さらなる成長が期待されています。

宇宙へGO！
中国の宇宙開発最前線

中国の宇宙開発は、日本やアメリカとは違う特徴があります。どのようなことが行われているのか、見ていきましょう。

◆ 中国の宇宙開発

- **宇宙ステーション「天宮」** 中国は2022年に、自国が運営する宇宙ステーション「天宮」を完成させました。宇宙飛行士が交代で滞在し、様々な実験を行っています。

- **月への挑戦** 2019年に月の裏側に探査機を着陸させることに成功しました。これは世界で初めての成果です。

- **ロケットの開発** 中国のロケット「長征」は、様々な種類があります。大きな荷物を運ぶロケットや、人を乗せるロケットなど、目的に合わせて使い分けています。

コラム 宇宙食も中華料理！？

中国の宇宙飛行士が食べる宇宙食は、約120種類あります。中国の宇宙ステーション「天宮」内では、味の濃い四川料理をベースに独自に開発された宇宙食が提供されています。

３カ国の宇宙開発

	宇宙ステーション	有人月探査計画
アメリカ合衆国	2011年に完成した国際宇宙ステーション（ISS）の運営を主導。ただISSの運用予定は2030年まで。	「アルテミス計画」。26年の月面再着陸を目指す。成功すれば1972年のアポロ17号以来。
中国	独自の「天宮」が22年に完成。30年以降も運用続ける見通し。	「嫦娥計画」。30年にも初の月面着陸を目指す。
日本	ISSの運営に参画。	「アルテミス計画」で日本人初の月面着陸を目指す。

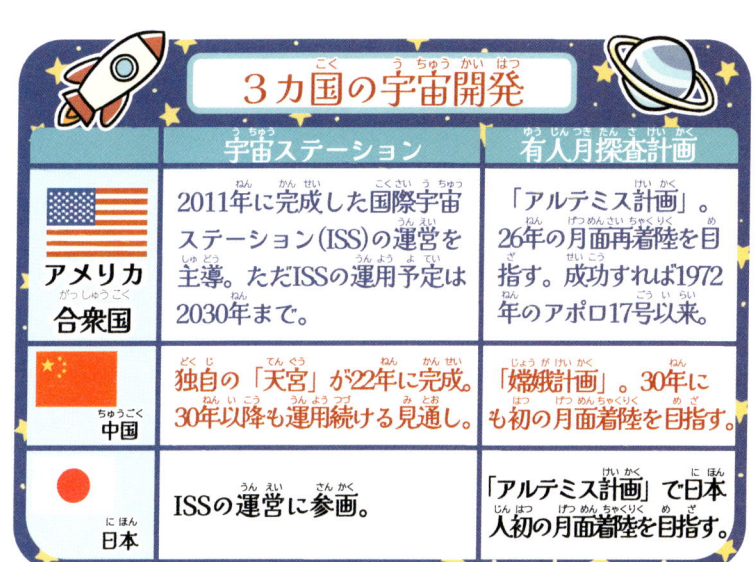

第4章　驚きの最新中国

天功宇宙ステーションのメインモジュール天河上空を飛行する中国人宇宙飛行士です！

4-10

科学者になろう！最先端研究所の今

中国の研究所は、世界でも最大規模の研究開発を行っています。日本との違いを見ながら、その特徴を見ていきましょう。近年成長著しいIT分野にも触れながら、その特徴を見ていきましょう。

◆ 中国の研究所

• **たくさんの研究所**　中国科学院には104か所の研究所があります（2024年現在）。研究している内容も、宇宙、海洋、動物、環境など、様々な分野に広がっています。

• **若い研究者たち**　中国には、世界中から若い研究者が集まってきています。研究費用も多く用意され、新しい発見に向けて日々研究を進めています。

• **日本と中国それぞれの良さ**　日本と中国のデジタル産業を比較すると、デジタル部品や設備などの製造分野では、日本が比較的優れていると言えます。一方、中国では国内の巨大な消費者市場を背景にデジタル技術の社会実装が進んでいます。

アリババやテンセントのような巨大IT企業が生まれたほか、AI（人工知能）やクラウド・コンピューティングなどの分野が急速に成長しています。

▼中国科学院

1949年設立以来
最先端の研究を
行っています！

すごいね！

コラム　世界一深い研究所を探検しよう

中国・四川省にある錦屏地下実験室は、地下2,400mにあります。これは世界で最も深い場所にある研究所です。周りを2,500mの山に囲まれ、宇宙から飛んでくる放射線が99.9％以上遮られるため、とても小さな粒子の研究ができます。日本の地下研究所（東京大学宇宙線研究所、地下1,000m）と比べても、2倍以上の深さがあります。

第5章

日本と中国の未来

5-1

日本旅行が好きな中国人

中国から日本へ旅行に来る人は、とても多くなっています。どうして中国の人々は日本旅行を選ぶのか、見ていきましょう。

◆ 人気の日本旅行

• **行きやすい場所**　中国から日本までは飛行機で3～4時間です。アメリカやヨーロッパまでは10時間以上かかるので、日本は近くて行きやすい場所です。

• **漢字ファミリー**　日本の街には漢字がたくさんあるので、中国の人にも意味が分かりやすいです。お店の看板や道路の表示の意味も理解しやすいのです。

• **四季を楽しめる**　春は桜、夏は花火大会、秋は紅葉、冬は雪景色と、一年中違う景色を楽しむことができます。

• **安心に旅行できる**　日本は世界的にも街がきれいで、お店の人も親切です。食べ物も安全で、観光地で法外な料金をとられることもありません。

中国人に人気の観光地ランキング（2024年）

順位	観光地	所在地
1位	ユニバーサル　スタジオ　ジャパン	大阪府
2位	東京ディズニーランド	千葉県
3位	東京ディズニーシー	千葉県
4位	SHIBUYA SKY	東京都
5位	ワーナーブラザーススタジオツアー東京	東京都
6位	新宿御苑	東京都
7位	大阪城公園	大阪府
8位	東京スカイツリー	東京都
9位	祇園	京都府
10位	海遊館	大阪府

出典：CtripのHPを元に作成

近年は、任天堂をテーマにしたエリアが大人気です！

第5章　日本と中国の未来

コラム　中国人旅行者の買い物を調べてみよう

中国からの旅行者が日本で買う物には特徴があります。家電製品では炊飯器や温水便座が人気です。化粧品や薬、お菓子なども良く売れています。以前ほど「爆買い」が話題にはなりませんが、多くの人が日本でショッピングを楽しんでいます。

バーチャル観光で行ってみよう！ 新しい旅のカタチ

インターネットを使って、家にいながら観光地を楽しむ「バーチャル（メタバース）観光」のサービスが広がっています。日本と中国で、どのように使われているかを見ていきましょう。

🔶 バーチャル観光の特徴

• **見学の方法** スマートフォンやパソコンの画面を通して、観光地を自由に見て回ることができます。360度好きな方向を見られるので、まるで本当にその場所にいるような感覚です。

• **ガイドさんと一緒に** 中国では、現地のガイドがリアルタイムで案内してくれます。チャットで質問もできるので、その場所のことをよく知ることができます。

• **人気の場所** 京都嵯峨嵐山エリアの名所や、上海の街並みなど、人気の観光地を家にいながら見学できます。混雑を気にせず、ゆっくりと観光を楽しむことができます。

コラム メタバースとは？

メタバースは、インターネット上の「もう1つの世界」です。自分の分身（アバター）を作って、友達と会ったり、買い物をしたり、コンサートを楽しんだりできます。

5-3

日本と中国で活躍する芸能人

日本と中国、両方の国で活躍している芸能人たちを見てみましょう。それぞれの国で、どのように活動しているのか調べてみました。

◆ 両国で活躍する人々

• **中国で人気の日本人** 矢野浩二さんは、中国のテレビドラマやバラエティ番組でよく見かける日本人俳優です。中国のSNSの総フォロワー数は1,600万人を超えています。日本人の中で1番多い数字です。

• **日本でも活躍する中国の人** 中国の人気グループ「TFBOYS」のメンバーは、日本でもコンサートを開いたり、テレビに出たりしています。

• **橋渡しの役割** 福原愛さんは卓球選手として活躍した後、中国のテレビ番組に出演するなど、両国の架け橋として活動しています。

微博（Weibo）上で人気のある日本の芸能人（2021年）

第1位　宇野賛多

第2位　古川雄輝（俳優）

第3位　木村拓哉

第4位　山下智久

第5位　嵐

第6位　乃木坂46

第7位　斎藤飛鳥（元乃木坂46）

第8位　浜崎あゆみ

第9位　野田洋次郎（RADWIMPS）

> 中国で1000人以上を動員するファンミーティングを行ってます！

> 中国の大人気オーディション番組で勝ち抜き、INTO1でデビューした男性アイドルです！

出典：Weibo／クロスボーダーネクスト調べを元に作成

> 日本でも人気の人が多いですね！

> 中国のオーディションを勝ち抜くなんてかっこいいね！

第5章　日本と中国の未来

コラム　SNSのフォロワー数を比べてみよう

中国のSNS「微博」では、日本のアニメやゲームのキャラクターの公式アカウントが人気です。たとえば「ドラえもん」は890万人、「名探偵コナン」は670万人のフォロワーがいます。一方、日本のSNSで中国の芸能人では、「TFBOYS」の王俊凱が160万人のフォロワーを持ち、最も多い数字となっています。

5-4

政府も推進する 日中交流の取り組み

日本と中国の政府は、お互いの国をよりよく知るために、様々な交流活動を行っています。どのような活動があるのか、見ていきましょう。

◆ 交流活動の種類

•教職員の交流　日本と中国の先生たちが、お互いの国の学校を訪れています。現地の先生や生徒と交流し、国際理解を深めています。さらに、母国の生徒たちに自身の経験を伝えています。

•学生の交流　高校生や大学生が、お互いの国で勉強したり、文化を学んだりしています。ホームステイをして、実際の生活を体験することもあります。

•地域の交流　日本と中国の都市が姉妹都市となって、お祭りや文化のイベントを開催しています。たとえば、お互いの伝統芸能を披露したり、料理を紹介したりしています。

第5章 日本と中国の未来

コラム 45年続く日中青年交流

1979年から始まった「日本・中国青年親善交流事業」は、両国の若者たちが互いの国を訪れ合う交流プログラムです。これまでに多くの人が参加し、ホームステイや文化体験、意見交換会などを通じて交流を深めています。参加した若者たちの多くは、その後も両国の架け橋として活躍しています。

5-5

姉妹都市もたくさん！市町村の文化交流

日本と中国の多くの市や町が「姉妹都市」として、お互いの文化を学び合っています。どのような交流が行われているのか、見ていきましょう。

◆ 姉妹都市との交流

- **たくさんの姉妹都市** 日本と中国の間にはたくさんの姉妹都市があります。それぞれの自治体がそれぞれの姉妹都市との交流を深めています。

- **交流の内容** 学校の先生同士が訪問し合ったり、高校生や大学生が留学したりしています。また、祭りや文化のイベントを一緒に開催することもあります。

- **長く続く交流** 横浜市と上海市は、50年以上も交流を続けています。お互いの都市に公園を作ったり、学校同士で交流したりと、様々な形で絆を深めています。

友好交流都市

黒龍江省	北海道	吉林省	宮城県
瀋陽市（遼寧省）	札幌市（北海道）	長春市（吉林省）	仙台市（宮城県）
撫順市（遼寧省）	夕張市（北海道）	丹陽市（江蘇省）	柴田町（宮城県）
ハルビン市（黒龍江省）	旭川市（北海道）	鄭州市金水区（河南省）	大崎市（宮城県）
秦皇島市（河北省）	苫小牧市（北海道）	済南市長清区（山東省）	美里町（宮城県）
汨羅市（湖南省）	赤平市（北海道）	舟山市（浙江省）	気仙沼市（宮城県）
彭州市（四川省）	石狩市（北海道）	吉林市昌邑区（吉林省）	気仙沼市本吉町
朝陽市（遼寧省）	帯広市（北海道）		（宮城県）
天津市	函館市（北海道）	無錫市恵山区（江蘇省）	登米市（宮城県）
広州市（広東省）	登別市（北海道）	温州市（浙江省）	石巻市（宮城県）
日照市（山東省）	室蘭市（北海道）		
長春市（吉林省）	千歳市（北海道）	甘粛省	秋田県
漳州市（福建省）	伊達市（北海道）	蘭州市（甘粛省）	秋田市（秋田県）
梨樹県葉赫満族鎮	西目屋村（青森県）	揚州市広陵区（江蘇省）	八峰町（秋田県）
（吉林省）		鳳城市（遼寧省）	北秋田市（秋田県）
昌平区（北京市）	板柳町（青森県）	武威市涼州区（甘粛省）	鹿角市（秋田県）
蘭州市（甘粛省）	八戸市（青森県）	無錫市（江蘇省）	由利本荘市（秋田県）
大連市（遼寧省）	青森市（青森県）	諸曁市（浙江省）	にかほ市（秋田県）
三門峡市（河南省）	北上市（岩手県）		
長春市（吉林省）	金ヶ崎町（岩手県）	黒龍江省	山形県
畑台市（山東省）	宮古市（岩手県）	吉林市（吉林省）	山形市（山形県）
天台県（浙江省）	平泉市（岩手県）	南陽市（河南省）	南陽市（山形県）

その他…

2024年3月末現在で、
381の友好提携が
結ばれているんです！

中国に行って
みたいなぁ！

スポーツで友達作り
汗と笑顔の交流戦

日本と中国では、スポーツを通じた交流が盛んに行われています。お互いの国を訪れあって、一緒に汗を流しながら友達になっています。

◈ スポーツ交流の様子

- **たくさんの競技** テニス、バスケットボール、卓球、バドミントンなど、様々な競技で交流試合が行われています。試合だけでなく、一緒に練習をしたり、技を教え合ったりしています。

- **定期的な交流** 毎年、日本と中国の選手たちが交互に相手の国を訪れています。定期的にそれぞれの国を実際に訪れ、現地の人と交流することで関係性を築いてきました。

- **交流の目的** 試合に勝つことよりも、スポーツを通じて友達になることを大切にしています。お互いの国の文化や生活を知る良い機会にもなっています。

スポーツを通じた日中友好親善が2024年に5年ぶりに再開し60名の日本選手団が派遣されました。

スポーツで国際交流って素敵だね！

コラム　卓球から始まった日中交流

1971年、「ピンポン外交」と呼ばれる出来事がありました。当時はまだ国交がなかった日本と中国が、卓球の試合を通じて交流を始めたのです。選手たちは「友好第一、試合第二」という言葉を大切にしながら試合を行いました。この交流がきっかけとなり、翌年の1972年に、日本と中国は国交を回復することができました。

5-7

留学生ダイアリー 海を渡る若者たち

日本と中国の間では、たくさんの若者たちが留学生として行き来しています。実際の留学生の体験を見てみましょう。

◆ 留学生の生活

● **学校での様子**　中国から来た留学生は、日本の学校生活に驚くことがたくさんあります。給食の時間に「いただきます」と言うことや、掃除の時間があることなど、母国との違いを感じています。

● **新しい発見**　日本の留学生は、中国の学生の勉強への熱心さに驚きます。夜遅くまで教室で勉強する学生たちの姿は、とても印象的だと言います。

● **友達作り**　最初は言葉の壁に苦労しますが、部活動や学校行事に参加することで、少しずつ友達ができていきます。スポーツや音楽など、共通の趣味があると、より仲良くなれるようです。

中国の留学生は日本人の印象を「礼儀正しい」「親切」と言います。

留学は、お互いの文化を知れるいい機会だね！

コラム 早稲田大学と中国人留学生

早稲田大学は、日本に留学する中国人の留学生数が最も多い大学として知られています。早稲田大学と中国の繋がりは長いです。今から120年ほど前の1905年に、早稲田大学は当時の清国人留学生のための教育機関「清国留学生部」を立ち上げます。

未来の病院
医療技術の大革命

日本と中国の病院は、新しい技術によってどんどん変わっています。これからの病院がどのように変わるのか、見ていきましょう。

◆ 未来の病院の特徴

・遠くからの診察 病院に行かなくても、スマートフォンやパソコンを使って、医師に相談できるようになります。医師は画面を通して患者の様子を見て、アドバイスをくれます。

・ロボットの活躍 手術を支援するロボットや、薬を運ぶロボットが活躍します。医師は離れた場所からロボットを操作して、手術をすることもできます。

・AIの力 人工知能（AI）が病気を見つけたり、最適な治療方法を提案したりします。レントゲンやCTの画像を見て、人間の目では見落としそうな病気も見つけることができます。

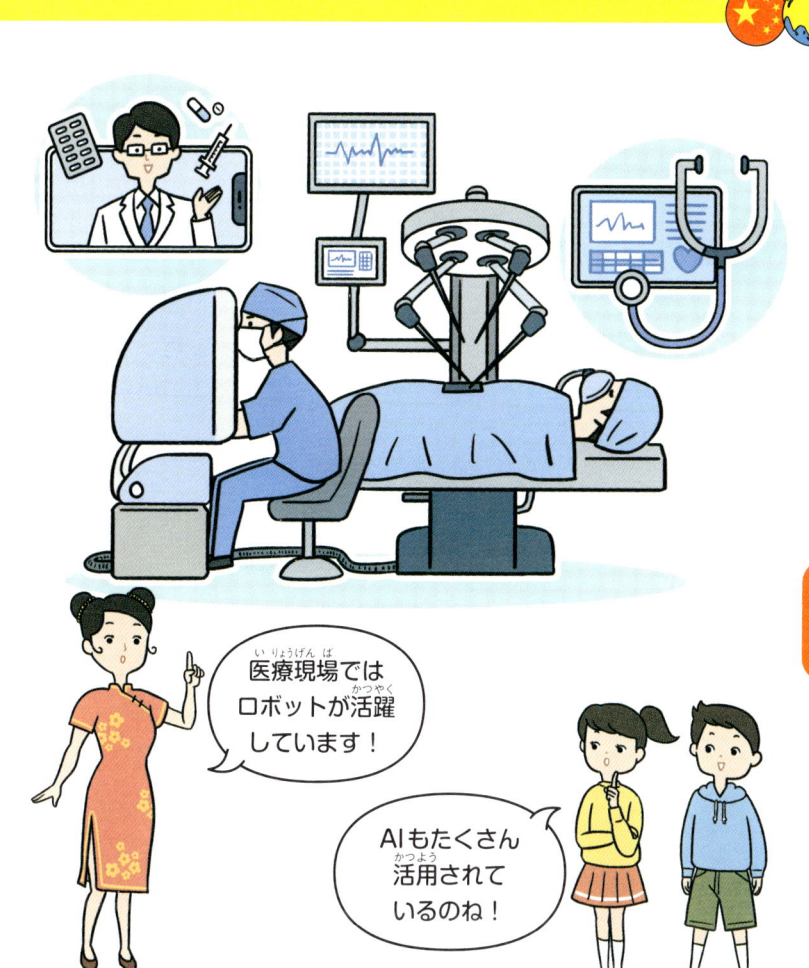

医療現場では
ロボットが活躍
しています！

AIもたくさん
活用されて
いるのね！

第5章 日本と中国の未来

コラム オンライン診療の数を比べてみよう

中国ではコロナ禍を機にオンライン診療の数を大きく伸ばしました。日本でも同様です。中国の大都市では、スマートフォンで診察を受け、薬を注文すると30分以内に自宅に届くサービスも始まっています。

5-9

SNSで広がる友情の輪 若者交流最前線

今、日本と中国の若い人たちは、インターネットを使って新しい形の交流を始めています。どのように友達の輪が広がっているのか、見ていきましょう。

◆ SNSでの交流

- **使われるアプリ** 中国の若者は「微博」や「抖音」、日本の若者は「LINE」や「Instagram」をよく使います。それぞれの国に行くと、現地のアプリを使って現地の友達と交流することが多いです。

- **交流の内容** 互いの国の文化や流行について教え合ったり、語学の勉強を手伝い合ったりしています。写真や動画を使って、自分の国の日常生活を紹介することもできます。

- **オンライン交流会** 学校同士がインターネットを使って交流会を開いています。画面越しに歌を歌ったり、ダンスを披露したり、一緒にゲームをしたりして楽しんでいます。

近況を報告することで
友達が増えるかも！

やってみたいな！

コラム SNSの使い方を比べてみよう

中国では多くの人がWeChat（微信）を使っています。単にメッセージを送るだけでなく、「朋友圏」も人気の機能です。朋友圏ではFacebookやInstagramのように、自分の近況を投稿したり友達の近況を見たりすることができます。

未来の職業図鑑
日中で活躍する仕事人

これからの日本と中国では、新しい仕事がたくさん生まれています。どんな仕事があるのか、見ていきましょう。

◆ 新しい仕事の種類

● **デジタルの仕事**　人工知能（AI）を使う専門家や、自動運転車のテストをする人など、新しい技術に関する仕事が増えています。コンピューターやロボットと一緒に働く人が、どんどん必要になっているのです。

● **環境を守る仕事**　地球環境にやさしいエネルギーを作る仕事や、それを管理する仕事が注目されています。たとえば、太陽光や水素を使って電気を作る仕事の人たちです。

● **人と人をつなぐ仕事**　インターネットを使って、商品を紹介したり、文化を伝えたりする仕事も増えています。日本と中国の両方の言葉や文化を知っている人が、特に活躍しています。

AI関連の仕事は
今後増えて
いくでしょう！

将来の中国で最先端の
仕事がしたい！

コラム　ChatGPTとは？

ChatGPTは、人工知能（AI）を使った「賢いチャットボット」です。質問をすると、まるで人間と話しているように自然な会話で答えてくれます。

2022年に登場してから、わずか2か月で1億人以上の人が使うようになりました。文章を作ったり、宿題を手伝ったり、プログラミングを教えたりと、いろいろなことができる便利なツールとして、世界中で注目されています。

索引

● 写真クレジット

カバー写真　　XiXinXing、beibaoke、花火、hana_sanpo_michi / PIXTA

1-1　Ryuji / PIXTA、CHAI / PIXTA

1-7　Tangrowth / PIXTA

1-9　Anek / PIXTA

2-1　金剛寺挙 / アフロ

2-4　Nishihama / PIXTA

2-6　sasaki106 / PIXTA

2-10　まちゃー / PIXTA

3-4　keso / PIXTA

3-5　exK / PIXTA

3-6　マーク / PIXTA、SVET / PIXTA

3-8　Rise / PIXTA、Sunrising / PIXTA

3-9　キャプテンフック / PIXTA、c6210 / PIXTA

3-10　Masa / PIXTA、Fox-Pix / PIXTA

4-4　 metamorworks / PIXTA

4-5　VCG / Getty Images

4-6　Tony / PIXTA

4-8　ikedaphotos / PIXTA

4-9　gremlin / Getty Images

4-10　Wikimedia Commons, the free media repository

5-1　Everything / PIXTA

5-7　8x10 / PIXTA

●著者

松村雄太（まつむら ゆうた）

「旅する作家まつむら」というアカウント名で国内・海外での旅の様子を発信中。Instagram や TikTok など SNS 総フォロワー数は 3 万超。

埼玉県立浦和高校、早稲田大学商学部卒。全国通訳案内士、英検 1 級、HSK6 級。留学でタイ、仕事でインドに住んだことあり。旅だけでなく、メタバースや生成 AI など新しいものが好き。2017 年に初めて中国を訪れた際、道端の人が QR コードで物乞いをしているのを見て衝撃を受ける。それ以降、中国のすごいサービスに注目してきた。横浜など有名な中華街も好きだが、池袋や西川口などよりリアルなチャイナタウンを歩く方がワクワクする。

著書に『図解ポケット メタバースがよくわかる本』（秀和システム）、『一歩目からのブロックチェーンと Web3 サービス入門』（マイナビ出版）、監修書に『知識ゼロから 2 時間でわかる＆使える！ ChatGPT 見るだけノート』（宝島社）など多数。

私は日本や海外を旅しながら、Instagram や TikTok で現地の様子をお伝えしています。ぜひ見てみてください！

公式メルマガ：
https://tr2wr.com/lp

@TABISAKKA

▲ Instagram
@tabisakka

▲ TikTok
@tabi_sakka

●監修

宮路秀作（みやじ しゅうさく）

代々木ゼミナール地理講師＆コラムニスト。出講している代々木ゼミナールでは、開講されている地理のすべての講座を担当、季節講習会ではオリジナル単科講座も開講している。

担当する講座は全国の校舎、サテライン予備校に配信され、現代世界の「なぜ？」を解き明かす授業が好評。また高校教員向けに授業法を享受する「教員研修セミナー」の講師も長年勤めている。主著『経済は地理から学べ！』（ダイヤモンド社）は大ベストセラーとなり、台湾、韓国、中国でも翻訳された。地理学の普及・啓発活動に貢献したと評価され、2017年度日本地理学会賞（社会貢献部門）を受賞。2021年より日本地理学会企画専門委員会委員。

またコラムニストとして、新聞や雑誌、Webメディアなどでの連載、「foomii」にてメルマガを発行、さらにYahoo!ニュースエキスパートオーサーとしても活動している。YouTubeチャンネル「みやじまんちゃんねる」を開設し、地理学の面白さ、地理教育の重要性を説いている。

●カバー・本文デザイン ：PescoPaint清水裕久
●イラスト ：刈屋さちよ
●編集協力 ：エデュ・プラニング、トライアングル
●中国語協力 ：関 嘉煒

世界の現在がわかる　中国

| 発行日 | 2025年 1月30日 | 第1版第1刷 |

著　者　松村　雄太
監　修　宮路　秀作

発行者　斉藤　和邦
発行所　株式会社　秀和システム
　　　　〒135-0016
　　　　東京都江東区東陽2-4-2　新宮ビル2F
　　　　Tel 03-6264-3105（販売）Fax 03-6264-3094
印刷所　三松堂印刷株式会社　　　　　　Printed in Japan

ISBN978-4-7980-7353-8 C0030